ConnectDoor –

COBIMAX -
Massenveranstaltungen - Fremdeinfluss

Inge Friedrich

Bibliografische Information der Deutschen Nationalbibliothek. Die Deutsche Nationalbibliothek verzeichnet diese Publikation in der Deutschen Nationalbibliografie, detaillierte biblio-grafische Daten sind im Internet über http://dnb.dnb.de abrufbar.

Herstellung und Verlag

BoD – Books on Demand, Norderstedt

ISBN 9783 756 229321

Diese Informationen sind für Menschen,

- die bereit sind, Eigenverantwortung für Gesundheit, Fühlen, Denken und Handeln zu übernehmen,
- die Verbindungen zu inneren Realitäten und inneren Ursprüngen ihres Selbst hervorrufen möchten,
- die an Maßnahmen gegen die Versklavung des menschlichen Bewusstseins interessiert sind,
- die neugierig darauf sind, Unbekanntes für sich bekannt zu machen,
- die für sich selbst entscheiden wollen, welche Optionen für sie von Vorteil sind.

Inhaltsverzeichnis

Hallo, kennt Ihr mich noch? Mein Name ist Cen-Tooh und ich bin der kleine Zauberer mit der dicken Knollennase von www.connectdoor.de.

COBIMAX® macht's möglich!

Die „Communikations- Biologische Matrix", kurz „COBIMAX", wurde von Bernd Laudenbach im Jahr 1998 entwickelt.

Es handelt sich hierbei um ein Kommunikations- und Therapieverfahren, das es ermöglicht, eine große Vielfalt an körperlichen sowie emotionalen Dysbalancen anzugehen. Ohne Hypnose, ohne Meditation, ohne maschinelle Hilfsmittel.

Hier ist ein Weg zur Selbsthilfe und Selbstheilung offen. Denn genauso will COBIMAX verstanden werden: Das Wissen über die Krankheitsursache aus dem eigenen Kopf des Menschen, die heilende Kraft aus dem eigenen Körper, genau das ist der Schlüssel zum Erfolg dieser Therapie.

Seit 2005 wird COBIMAX auch in Lehrgängen weitergegeben, zur Eigenanwendung oder zur Anwendung in der therapeutischen Praxis.

Wie Cobimax funktioniert

Orchestrierte Objektive Reduktion
Die physikalische Ebene wird in der Sekunde 42 x immer wieder neu aufgebaut. Euer physischer Körper wird in der Sekunde 42 mal immer wieder neu aufgebaut. Quantenphysiker wie Stuart Hameroff und Roger Penrose sagen, dass unsere Realität über sogenannte Mikrotubuli permanent aufgebaut wird und wieder zerfällt. Dieser Vorgang nennt sich OOR, Orchestrierte Objektive Reduktion. Diesen Vorgang macht sich Cobimax zu nutze.

Ebenen
Wir haben ein sogenanntes Primärbewusstsein, Primärbewusstsein ist gleichzeitig göttliches Bewusstsein. Dort ist die Schwingung pro Sekunde so hoch, dass wir sie mit Zahlen nicht mehr beschreiben können.

Alles was nicht göttliches Bewusstsein ist, ist Sekundärbewusstsein. Wenn diese Frequenz des göttlichen Bewusstseins sich verlangsamt, entstehen Gammastrahlen-Frequenzen, wenn sich diese Gammastrahlen-Frequenz nochmal verlangsamt, entstehen Röntgenstrahlenfrequenzen, wenn sich diese Röntgenstrahlenfrequenz nochmal verlangsamt, dann entstehen UV-Licht-Frequenzen. Weiter abgebremst entstehen Sichtbare-Licht-Frequenzen, dann Infrarotfrequenzen und schließlich sind wir verlangsamt auf der physikalischen Ebene.

Primärbewusstsein, göttliches Bewusstsein hat sich zur Aufgabe gemacht, dass es Realität erschaffen will und es braucht Außenposten. Wir beispielsweise sind ein Außenposten für göttliches Bewusstsein. Diese Außenposten melden 42 mal in der Sekunde dem göttlichen Bewusstsein zurück, was erlebt worden ist.

Abstände zwischen den einzelnen Ebenen gibt es nicht. Es sind fließende Übergänge, wobei man verstehen sollte, dass die niedrigere Frequenz durch das Abbremsen der vorhergehenden höheren Frequenz entsteht. Wir haben für jede Ebene ein in sich abgeschlossenes Bewusstsein, welches speziell diese Frequenzebene bedient.

Alle Ebenen sind dauerhaft in dem Quellbewusstsein eingebunden, auf das sie fortwährend Erfahrungs-Rückmeldungen machen. Dieses Orchestrierte Objektive Reduzieren, was Hameroff und Penrose postulieren, findet tatsächlich statt, sonst könnte das Kommunikations- und Therapieverfahren Cobimax und eine normale Selbstheilung eines Körpers überhaupt nicht funktionieren. Das bedeutet, 42mal in der Sekunde nach unserer Zeitrechnung wird jeweils der neueste Stand unserer Erfahrung und eventuelle Veränderungen zurück an das Quellbewusstsein gegeben.

Der physische Körper repliziert sich in der Sekunde 42mal und wenn wir Zugang zu unserem Kleinhirnbewusstsein haben, können wir unsere biologische physische Realität steuern.

Die genannten Ebenen spiegeln wir in unserem Körper als Bewusstseinsebenen wider. Die physikalische Ebene, die unterste Bewusstseinsebene oder das „Ich", ist auch gleichzeitig der Körper. Wir sind aber nicht nur der physische Körper, sondern wir sind Wesen noch viel höherer Frequenzen.

Unsere Sprache ist eine absolute Gleichsetzung mit unserem Körper: Ich habe Hunger, ich habe Schmerzen. Wir sollten aber verstehen und auch so sprechen, dass wir mehr sind als nur der Körper.

1. göttlicher Gedanke, Nullpunktenergie, Quellbewusstsein

2. Ebene der Gammastrahlung

3. Ebene der Röntgenstrahlung

4. Ebene der Ultra-Violett-Strahlung

5. Ebene des Sichtbaren Lichts

6. Ebene der Infrarot-Strahlung

7. physikalische Ebene

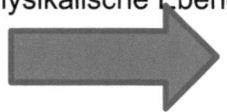

Bauplan

Das Kleinhirnbewusstsein überprüft 42 x in der Sekunde den Inhalt des Großhirns, alles was Ihr von Euch denkt, alles was Ihr glaubt, wenn Ihr dran glaubt, dass Ihr ein Magengeschwür habt, dann wird das 42 x in der Sekunde aufgebaut, wenn Ihr glaubt, dass Ihr Bakterien habt, dann wird das 42 x in der Sekunde aufgebaut. Der Bauplan, um neu zu erschaffen, ist schlichtweg das, was Ihr im Großhirn gespeichert habt. Wir können jetzt mit Cobimax, d.h. wenn wir Anschluss haben an das Kleinhirnbewusstsein, in einer zweiundvierzigstel Sekunde ein neues Programm in das Großhirn einsetzen.

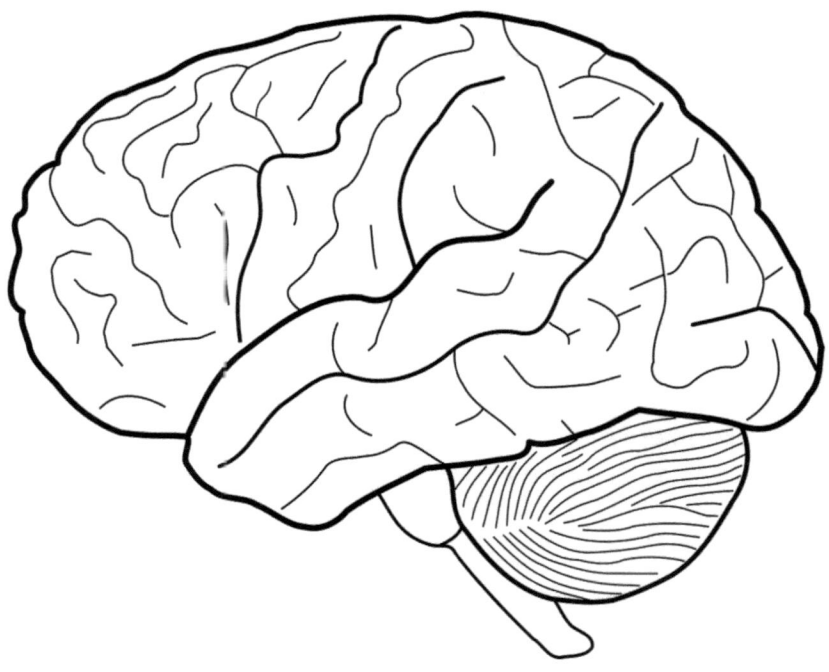

Das Kleinhirn liegt am hinteren Ende unterhalb des Gehirns und ist auf dieser Zeichnung mit schwarzen Linien markiert.

Das Kleinhirn ist für uns jetzt wichtig
Dieses Kleinhirnbewusstsein, das Ihr hier in Eurem eigenen Kopf tragt, dieses Kleinhirnbewusstsein ist etwas Gigantisches, und Ihr habt Macht, das könnt Ihr Euch nicht vorstellen. Über unser Wachbewusstsein definieren wir unsere Persönlichkeit, unsere Ich-Persönlichkeit. Also das heißt, hier im Großhirnbewusstsein sind wir alle verschieden, der Inhalt und die Fähigkeit dieses Kleinhirns ist in über sieben Milliarden Menschen überall exakt das Gleiche.

Menschen sind schon immer, von Geburt an, verlinkt und

vernetzt untereinander über dieses Kleinhirnbewusstsein. Dieses Kleinhirnbewusstsein zeichnet jeden Gedanken auf, jedes Gefühl, alles, was je gedacht, alles, was Ihr je gedacht habt und übermittelt es an den Rest der gesamten Menschheit, d.h. an etwas über sieben Milliarden Menschen. Es werden alle Informationen ständig ausgetauscht. Das ist unvorstellbar. Ihr glaubt, das kann Euer Gehirn nicht? Das Kleinhirn kann es. Und wir können Technologien, alles Mögliche, vom Kleinhirn nach oben zum Großhirn herunterladen.

Was COBIMAX macht

Wir holen Wissen vom Kleinhirn ins Großhirn, können das aber nicht in einem Komplex herunterladen, denn Ihr würdet wahnsinnig werden, Ihr würdet umfallen und nie mehr aufstehen. Deswegen macht COBIMAX folgendes: Es lädt selektiv Dinge, die wir haben wollen, hier hoch ins Großhirn und lässt sie hier zur Realität werden in unserem physischen Körper.

Objektiv

Das Kleinhirnbewusstsein ist ein autonomes Bewusstsein. Es ist ein absolut objektives, nicht-emotionales Bewusstsein.

Subjektiv

Subjektiv ist dieses Großhirn-Bewusstsein, denn es ist emotional, es ist ja auch richtig so, aber Ihr könnt nicht, entweder durch Vorsatz, ungewollt oder durch Dummheit vorsätzlich oder nicht vorsätzlich einen anderen Menschen mit dieser Methode verletzen. Dies ist nicht möglich.

Schnellere Zeit

Noch einmal: Dieses Kleinhirn-Bewusstsein sieht jeden einzelnen Menschen als eine Zelle seines Körpers. Nun stellt Euch einmal vor, was das für ein gigantisches Bewusstsein sein muss, was jedem Menschen zwar die Freiheit gibt, zu machen, zu tun, was er will, aber er ist trotzdem verlinkt mit allen Menschen. Und wir sind es, sonst würden wir keinen Zugang bekommen. Wir machen jetzt noch eine kleine Erweiterung der Aussage, dass es Euch jetzt den FI-Schalter oben raus haut, nämlich folgendes:

Dieses Kleinhirnbewusstsein arbeitet in einer anderen Frequenz. Es arbeitet im Peta-Hertz-Bereich, genauer in 3 Petahertz, das ist eine 3 mit 15 Nullen, also 3 000 000 000 000 000 Hertz. Das ist im Ultraviolett-Licht-Frequenzbereich. Folglich läuft hier die Zeit auch schneller ab. In Eurem Bewusstsein im Kleinhirn existieren alle Menschen gleichzeitig. Sie sind gleichzeitig tot und gleichzeitig am Leben.

Vorfahren

Oftmals kommen Leute zu uns, die haben genetisch ererbte Erkrankungen, ADS, ADHS sind solche speziellen Erkrankungen, an die wir herangehen mit recht gutem Erfolg.

Wenn einem Vorfahren, männlich oder weiblich, etwas schlimmes Emotionales widerfahren ist, dieses Ereignis genetisch gespeichert wurde und genetisch weitergereicht wurde durch die Generationen, so mag dieser Mensch aus unserer Sicht, aus der Sicht unseres Großhirnbewusstseins, tot sein, im Kleinhirnbewusstsein existiert er immer noch.

Wir gehen vom Großhirnbewusstsein aus mit einer verbalen Menüführung und geben dem

Kleinhirnbewusstsein den Auftrag, die Person, der gerade dies oder jenes widerfahren ist, zu suchen und dort das entsprechende Thema zu korrigieren. Obwohl die Person dann, um die es geht, die noch lebt und vielleicht gerade vor mir sitzt, die ich jetzt gar nicht namentlich benannt habe, die heftigsten Reaktionen hat, weil ich einen Vorfahr von ihr gerade anspreche. Das hört sich wirklich abgefahren an, es funktioniert aber. Wir haben Zugang dazu.

Kommunikations- und Therapieverfahren

Dieses Kleinhirn bietet Optionen und Möglichkeiten, die gehen ins Phantastische hinein, aber stellt Euch vor, was das alles machen kann. Dieses Kleinhirn ist bei Euch allen, überall, das Gleiche, besitzt die Möglichkeit und Fähigkeit alle Lebewesen miteinander zu vernetzen und dort Einfluss darauf zu nehmen. Deswegen heißt COBIMAX nicht nur Therapieverfahren, sondern Kommunikations- und Therapieverfahren.

Unwissenheit

Das ist nichts neu Entwickeltes, sondern etwas, womit wir auf die Welt kamen und leider auf Grund der Unwissenheit, wir haben leider recht viel Unwissenheit, ging in der Biologie viel Wissen verloren.

Ultraviolett-Licht

Das Kleinhirn hat Zugang und Zugriff auf die Steuerung des UV-Lichtes in unserem Körper. Und die Frequenz dieses Ultraviolett – Lichtes ist der Bauplan Eurer Mikrotubuli. Die Frequenz dieses Lichtes lässt beispielsweise diese Mikrotubuli in einer bestimmten Frequenz oszillieren, schwingen.

Drei Gehirnteile

Wir brauchen für COBIMAX alle drei Gehirnteile, Großhirn, Mittelhirn und Kleinhirn.

Im Großhirn wird nur Menüführung oder Befehlsgebung ausgeführt, aber ganz andere Gehirnteile werden durch COBIMAX aktiv.

Dieses Gehirnteil, rechte und linke Gehirnhälfte, hat die Aufgabe, dass es das Überleben unseres physischen Körpers auf dieser Ebene, dieser Zeitebene sichert. Die primäre Aufgabe ist also aufzupassen, ob wir genug zu essen haben, zu trinken, komme ich nicht in eine Schlägerei, gehe ich da jetzt nicht über die Straße, wenn da drei LKWs kommen, habe ich meine Rechnungen bezahlt, dafür ist das Großhirn zuständig und absolut notwendig.

Unser Ich-Bewusstsein hat es gelernt, dass wir uns reduzieren, unser Ich reduzieren ausschließlich auf dieses Gehirnteil. Das mag o.k. sein, aber das ist nicht die ganze Welt. Es gibt noch wesentlich mehr.

Statische Intelligenz

Benennen wir jetzt mal das Großhirn als Statische Intelligenz. Dieses Gehirn besitzt nur die Fähigkeit, die Kapazität, eigene nichtautonome Abläufe vorwiegend zu steuern, mein Sprechen, meine Sinne kann ich steuern z.T., wenn ich will, meine Bewegungen, aber mehr kann ich nicht machen. Wenn ich im Äußeren etwas tun will, muss ich Anweisungen geben, d.h. diese Intelligenzform ist im Großhirn gefangen, sie kann nicht nach außen. Hier geht's maximal bis an die „Nussschale" und dann geht's wieder zurück.

Dynamische Intelligenz

Das Kleinhirn benennen wir als Dynamische Intelligenz. Diese Intelligenzform hat keine Absperrung. Diese Intelligenzform hat die Möglichkeit überall hin auszutreten, und kann das über bestimmte Sende- und Empfangsteile machen. Hier im Mittelhirnbereich liegt die Hypophyse und diese besitzt die Fähigkeit, elektromagnetische Wellenlängen zu erzeugen, die zielgerichtet auf eine Person zu lenken, wobei wir im Äußeren noch nicht ein mal wissen, wo sich diese Person gerade aufhält.

Bilder

Die primäre Kommunikationsmethode, wie unterschiedliche Gehirnteile miteinander kommunizieren, verläuft über Bilder. Wenn ich mich mit Euch unterhalte, versteht Ihr mich, wenn wir die deutsche Sprache sprechen, weil wir uns auf Begriffe wie Stuhl, Tisch etc. geeinigt haben. Laute werden zu Bausteinen für Wörter und Sätze. Auch wenn das Wort gehört wird, habt Ihr von diesem Gegenstand eine Vorstellung, ein Bild.

Für jedes Wort und für jeden Satz im Zusammenhang habt Ihr synaptische Verbindungen, habt Ihr unendlich viel Information. Diese Information könnt Ihr auch nur verstehen, weil all dies zu Bildern im Stirnlappen des Großhirns geformt wird.

Es musste eine Kommunikationsform geben, die alle Menschen miteinander vernetzt, egal welche Sprache sie sprechen. Es gibt sie schon immer, nur sind wir aufgrund spiritueller Kurzsichtigkeit nie darauf gestoßen, wie einfach das Ganze funktioniert.

Stirnlappen

Verbalkommunikation, so wie wir sie nutzen die ganze Zeit, funktioniert ganz einfach. Ich spreche ein Wort aus, Ihr versteht das Wort, weil Ihr die gleiche Sprache gelernt habt und weil wir die gleiche Sprache nutzen. Dieses Wort, was ich ausspreche, kommt bei Euch im Ohr an als akustisches Signal, wird umgewandelt in ein elektrisches Signal und dieses wird aufgrund der Verknüpfungen, alles was Ihr gesammelt, was Ihr je gelernt, gesehen, empfunden habt, gleichsam verbunden mit dem Stirnlappen. Euer Stirnlappen ist etwas, was uns von den Affen unterscheidet. Es ist ein bildgebendes Gehirnteil. Hier wird alles, was ich zu Euch spreche in Bilder umgeformt, deswegen könnt Ihr mich verstehen. Deshalb funktioniert Sprache, weil wir einen Stirnlappen haben, der letztendlich die Kommunikationssignale umwandelt in Bilder.

So hat unser Großhirn eine direkte Verbindung zu unserem Stirnlappen.

Pinolin

Wenn Ihr abends ins Bett geht, spätestens um halb zwölf, und Ihr macht die Augen zu, dann beginnt Eure Epiphyse und Teile Eurer Augen Serotonin, das Wachhormon oder Wach-Neurotransmitter umzuwandeln in Melatonin. Zwei bis zweieinhalb Stunden Vorlaufzeit braucht Melatonin um in die eigentlich wichtige Kommunikationsdroge umgewandelt zu werden, und das ist Pinolin. Pinolin ist relativ unbekannt, aber Pinolin beginnt dann, wenn Ihr schlaft, wenn Ihr im Tiefschlaf seid, im sog. Rapid-Eye-Movement-Schlaf, und zwar exakt zwischen halb zwei und drei Uhr schlaft, Winterzeit, das Großhirn zu überschwemmen. Das Großhirnbewusstsein wird also in Pinolin eingetaucht, eingehüllt , aus dem Grund, dass

Euer Kleinhirnbewusstsein elektrische Signale ins Großhirn sendet, die verstanden werden müssen. Pinolin wandelt elektrische Signale um in bildgebende Signale. Ihr nennt das schlichtweg einfach „Traum".Die Träume exakt in der Zeit zwischen halb zwei und drei Uhr haben unwahrscheinliche physische wie psychische Korrekturaufgaben.

Häufiges Gähnen

Wenn wir mit Cobimax arbeiten, dürfte den meisten schon aufgefallen sein, dass mindestens die Hälfte aller Reaktionen ein häufiges Gähnen ist, weil hierbei im Wachzustand sehr viel Pinolin ausgestoßen wird. Das Interessante dabei ist, wenn wir mit Cobimax arbeiten, müssen andere Menschen, die den Gähnenden beobachten, nicht reflektorisch mitgähnen.

Unser Kleinhirn hat also auch einen eigenen Zugang, seine eigene Kommunikationsform zum Stirnlappen. Es kann über das Großhirn Bilder zum Stirnlappen aufbauen, es muss aber nicht über das Großhirn gehen.

Magenschleimhaut-Entzündung

Wir Cobimax-Anwender sagen beispielsweise jetzt: Magenschleimhautentzündung. Mehr müssen wir gar nicht sagen, dann bedeutet das, wir schicken das Bild ans Kleinhirn, dieses überprüft, ob eine Magenschleimhautentzündung vorhanden ist. Wenn dies der Fall ist, setzt das Kleinhirn über unseren Stirnlappen ein Bild ein, im Wachbewusstsein, dass keine Magenschleimhautentzündung vorhanden ist. Es werden einfach nur Bilder ausgetauscht.

Die Pixel, die das Kleinhirn hochschickt, sind wesentlich höher und feiner, als das was unser Wachbewusstsein an den Stirnlappen schickt.

Realität

Wir haben also zwei unterschiedliche Gehirnteile, die den Stirnlappen bedienen können und die Realität im Wachbewusstsein erzeugen können. Das Wachbewusstsein selbst erzeugt Realität, indem es Wahrnehmungen macht, Erfahrungen macht, die über den Stirnlappen gespeichert werden. Das Kleinhirnbewusstsein selbst kann aber über das, was im Großhirn gespeichert ist, neue Bilder über Eure Vergangenheit legen. Ihr sagt, ja das ist mir doch in meiner Vergangenheit passiert, dann sag ich, ja, das stimmt, aber wenn du daran festhältst, weil du glaubst, es müsse so sein, dann ist es nun mal so. Aber Ihr habt über Euer eigenes Kleinhirnbewusstsein die Möglichkeit Vergangenheit, Zukunft, alles Mögliche zu verändern.

Andere Zeit

Noch einmal zu Eurem Kleinhirnbewusstsein: Es lebt in einer völlig anderen Zeit. Für Euer Kleinhirnbewusstsein sind alle Menschen zur gleichen Zeit am Leben und zur gleichen Zeit tot. Vergangenheit ist nicht zwingend statisch. Durch unsere Methode besitzen wir die Fähigkeit Vergangenheit zu verändern.

Wir können Technologie in unser Wachbewusstsein herunterladen aus der Zukunft, wir können danach fragen. Bekomme ich irgendetwas herein, was die Technologie der Zukunft ist, irgendwelche Energiesparmaschinen oder irgendwelche Heilungsmechanismen aus der Zukunft oder aus der Vergangenheit, kann ich das nutzen. Das Kleinhirnbewusstsein besitzt diese Fähigkeit.

Zugang zum Kleinhirn

Das Kleinhirn hat sehr viele Fähigkeiten. Außer Zeit zu manipulieren hat es die Fähigkeit, Stoffe umzuwandeln, Mikroben zu eliminieren, neue Zellen wachsen zu lassen.

Wenn Ihr Zugang zu Eurem Kleinhirnbewusstsein habt, habt Ihr automatisch den Schlüssel zu jedem anderen Menschen. Nicht nur zu jedem Menschen, auf Tiere, auf Pflanzen wirken wir genauso ein.

Reaktionen auf COBIMAX-Abfragen

Wenn es zu Reaktionen kommt, wissen wir, dass dies ein relevantes Thema ist und vertieft werden sollte.

Es können je nach den Problemen vielfältige Reaktionen auftreten. Angefangen bei starker Müdigkeit bis hin zu mehrminütigem Tiefschlaf, häufiges und tiefes Gähnen, Ameisenkribbeln bis völlige Taubheitsgefühle einzelner Gliedmaßen, Blähgefühle im Bauchbereich, Wärme, Kälte, Schwindel, Kopfschmerzen, Migräne, völlige Schwere bis hin zu einem nicht mehr Anheben-Können einzelner Gliedmaßen. Organe können stark spürbar werden. Enge oder Kloßgefühl im Hals, ganze Wirbelsäulenabschnitte machen sich bemerkbar, deutliche Reaktionen im Herzbereich, Schwere und Enge in der Brust oder erschwertes Atmen bis hin zu Atemnot. Anvisierte Gefühle können in aller Deutlichkeit erlebt werden.

Die Skala der möglichen Reaktionen ist nach oben offen. Dies soll den Anwender nicht erschrecken, sondern nur darauf hinweisen, dass Stärke und Lokalisation der eintreffenden Reaktionen nicht immer den Erwartungen des Wachbewusstseins entsprechen.

Reaktionen zeigen auf erste Korrekturen der Problematik hin und sind nach kurzer Zeit wieder verschwunden.

Wer kein ausgebildeter Cobimax-Anwender ist, kann im Internet auf www.connectdoor.de mit dem kleinen Zauberer Cen-Tooh arbeiten. Bei „Freie Themenwahl" steht er für alle Abfragen bereit. Folgt einfach seinen Anweisungen.

Hinweis: Es sei hier darauf hingewiesen, dass diese Methode für den medizinischen Laien weder Arzt noch Heilpraktiker ersetzt und dass sie niemals zum Absetzen von Medikamenten auffordert.

Noch ein wichtiger Hinweis!!!

Wenn der Mensch glaubt, durch einfaches Durchlesen der COBIMAX-Programme wäre die Korrektur schon angestoßen, muss ich ihn enttäuschen: Hier arbeitet das Gehirn nur in einem Frequenzbereich von etwa maximal 40 Hertz. Um aber genetische Programme zu löschen, benötigen wir eine Frequenz von etwa 3 Petahertz, das ist eine 3 mit 15 Nullen, also 3000000000000000 Hertz.

Wie kommen wir dort hin?
Durch Anschluss an Dynamische Intelligenz. Das bedeutet, dass unser Großhirn wieder Verbindung bekommt zu unserem Kleinhirn und unsere Gedanken auf 3 Petaherz bringen kann und so gelingt es uns, Zugriff auf die Frequenzen der genetischen Programme zu nehmen.

Jeder COBIMAX-Ausgebildete hat die Möglichkeit, über sein eigenes Kleinhirn Dynamische Intelligenz bei sich selbst oder bei jedem anderen Menschen anzuwenden, sogar bei Tieren oder Pflanzen.

Außerdem ist im Internet die Seite www.connectdoor.de so gestaltet, dass bei Druck auf die Knollennase von Cen-Tooh diese Verbindung kurzzeitig aufgebaut wird. Dort kann also jeder Mensch selbständig die Programme effektiv durcharbeiten.

Meditationen

Meditationen werden bestimmt von den Menschen mit den besten Absichten abgehalten.Ganz besonders bei den Massenmeditationen konzentrieren sie sich auf die Liebe für die ganze Menschheit und für die Erde.

Das ergibt eine ganze Menge Energie, die nur allzugerne abgegriffen wird. Zum einen erhält der Leiter dieser Meditation Energie, die er ja nach Gesinnung nutzt oder weitergibt, zum anderen sind jede Menge fremde Energien unterwegs , die sich gerne diese willkommenen Futter-Rationen einverleiben.

Die Menschen sind mit ihren Meditationen im halbwachen Zustand offen wie ein Scheunentor und gewähren dadurch auch dunklen Kräften Zugang zu ihrem Innersten, die ganz nach Belieben Lebensenergie oder andere Energien absaugen können.

Auch bei anderen Massenveranstaltungen, wie z.B. Fußballspielen oder bei Konzerten tummeln sich die verschiedensten Fremdenergien, da auch hier jede Menge emotionale Energie freigesetzt wird.

So fühlen sich manche Menschen nach einer Meditation zuerst einmal wohl, während in den nächsten Tagen ihr Energie-Level stark sinkt und mitunter auch körperliche Dysbalancen auftreten.

Meditation wird seit langem zur körperlichen Entspannung und Steigerung der Ruhe genutzt. Schon nach wenigen Stunden zeigt sich weniger Stressanfälligkeit und innere Ruhe.

Durch Achtsamkeits- und Konzentrationsübungen wird eine Verbesserung des allgemeinen Wohlbefindens erreicht.

Es gibt viele Arten der Meditation, die meisten von ihnen haben einige Elemente gemeinsam:
eine ruhige Lage mit möglichst wenig Ablenkungen;

eine bestimmte, bequeme Haltung (Sitzen, Liegen, Gehen oder in anderen Positionen); einen Fokus auf die Aufmerksamkeit;
ein speziell ausgewähltes Wort oder eine Reihe von Wörtern;
Fokus auf ein Objekt;
Wahrnehmungen des Atems;
eine offene Haltung.

Meditation wird allgemein als sicher für gesunde Menschen angesehen. Menschen mit körperlichen Einschränkungen sind jedoch möglicherweise nicht in der Lage, an bestimmten meditativen Praktiken der Bewegung teilzunehmen.

Ergebnisse einer vom National Center for Complementary and Integrative Health finanzierten Studie aus dem Jahr 2011 mit 279 Erwachsenen, die an einem achtwöchigen Mindfulness-Based Stress Reduction (MBSR)-Programm teilnahmen, zeigten, dass Veränderungen in der Spiritualität mit einer besseren psychischen Gesundheit und Lebensqualität verbunden waren.

Die im Jahr 2014 herausgegebenen Leitlinien für die klinische Praxis empfehlen meditieren als unterstützende Pflege zur Reduzierung von Stress, Angst, Depressionen und Müdigkeit bei Patienten, die wegen Brustkrebs behandelt werden. Die SIC empfiehlt auch seinen Einsatz zur Verbesserung der Lebensqualität dieser Menschen.

Meditationsbasierte Programme können hilfreich sein, um allgemeine Wechseljahrsbeschwerden zu reduzieren, einschließlich der Häufigkeit und Intensität von Hitzewallungen, Schlaf und Stimmungsstörungen, Stress sowie Muskel- und Gelenkschmerzen.

Aufgrund der unterschiedlichen Studiendesigns lassen sich jedoch keine eindeutigen Schlüsse ziehen.

Ein Forschungsbericht aus dem Jahr 2014 ergab, dass Geistes- und Körperpraktiken, einschließlich Meditation, chemische Identifikatoren von Entzündungen reduzieren und vielversprechend sind, um das Immunsystem zu stabilisieren.
Die Ergebnisse einer von der NCCIH unterstützten Studie aus dem Jahr 2013 mit 49 Erwachsenen deuten darauf hin, dass acht Wochen Achtsamkeitstraining stressbedingte Entzündungen besser reduzieren können als ein Gesundheitsprogramm, das körperliche Aktivität, Aufklärung über Ernährung und Musiktherapie beinhaltet.

Achtsamkeitsbasierte Stressreduktion ist eine Behandlung, die durch gezielte Achtsamkeitsmeditation und Yoga das Bewusstsein schult. Achtsamkeit kann außerdem neue Möglichkeiten vermitteln, auf Stress, einen häufig beschriebenen Auslöser von Migräne, zu reagieren.

Wenn du meditierst werden die Alpha-Wellen stärker. Die Alpha-Wellen hängen mit der Entspannung zusammen. Allerdings gibt es auch noch andere Hirnwellen, die in der Meditation gestärkt werden können, das hängt von der Tiefe der Meditation ab.

Manche Meditierende können auch ihre Delta-Wellen oder Theta-Wellen erhöhen und es werden noch andere Wellen postuliert.

Aber Meditation ist nicht einfach nur ein Herunterfahren des Gehirns, wie es im Schlaf passiert. Meditation ist im Gegenteil auch ein Stimulieren von bestimmten Hirnwellen. Gerade fortgeschrittene Meditierende kommen ja in einen gesteigerten Grad von Achtsamkeit. Meditation bedeutet folglich nicht einfach nur zu entspannen wie in der Tiefenentspannung.

Alles, was ich über Meditation geschrieben habe, habe ich dem Internet entnommen.

Wir sehen also, dass die Ergebnisse und Herangehensweisen bei COBIMAX und Meditation völlig verschieden sind, obwohl wir bei beiden Gesundheit und Wohlbefinden anstreben.

Wie Meditationen funktionieren

Im Internet ist zu finden:

https://www.einfach-gesund-schlafen.com

Was bedeuten Alpha-, Beta-, Delta- und Theta-Wellen?
Delta-Wellen haben eine Frequenz von 0,2-3 Hertz (Hz) und treten vorwiegend in der Tiefschlafphase auf. Im Wachzustand kommen sie äußerst selten vor. Delta-Wellen **zeichnen sich durch Trance- und „nicht-physische" Zustände bzw. durch einen traumlosen Schlaf aus**. Das Bewusstsein ist dabei komplett

ausgeschaltet, lediglich das Unterbewusstsein ist aktiv. Delta-Wellen sind im Wesentlichen für sämtliche **Heilungsvorgänge** verantwortlich und dienen der Stärkung des Immunsystems. Im Delta-Wellen-Modus werden heilende Wachstumshormone ausgeschüttet.

Theta-Wellen (4-8 Hz) treten hauptsächlich im Schlaf sowie in der Meditation auf. Dabei ist das Unterbewusstsein aktiviert. Der Zugang zu unbewussten Gedanken ist nun möglich. **Charakteristisch für diese Sequenz sind neben einer lebhaften Erinnerung und Kreativität auch die erhöhte Lernfähigkeit, sowie die plastische Vorstellungskraft und Fantasie.** Auch **Traumsequenzen,** bei denen die aktive Denkfunktion nicht greifen kann, zählen zu den typischen Merkmalen der Theta-Wellen.

Alpha-Wellen (8-12 Hz) bilden die Brücke zwischen innerer (Theta-) und äußerer (Beta-) Welt. Wer morgens aufwacht, und noch ein wenig döst (Gehirnwellen sind im Thetabereich) bzw. sich im noch an den Traum erinnern kann, befindet sich gerade im Alpha-Zustand. Wer allerdings nach dem Aufwachen gleich in den Beta-Zustand wechselt, wird sich nicht mehr an den Traum erinnern können. Hypnose – beispielsweise – basiert auf Alpha-Wellen. **Die Lernfähigkeit und Erinnerungsfunktion sind im Alpha-Zustand besonders hoch.** Zusammengefasst lässt sich sagen, dass Alpha-Wellen im entspannten Zustand auftreten und ein Stadium zwischen Wachheit und Schlaf darstellen. Eine wohlige Entspannung sowie eine positive Grundstimmung stehen charakteristisch für diesen Zustand.

Im Bereich der **Beta-Wellen** (12-38 Hz) befindet sich die Person in einem **Wach-Zustand**. Eine Frequenz von über 25 Hz signalisiert bei der betroffenen Person Alarmbereitschaft. Neben einem erhöhten Anteil an Beta-Wellen findet in diesem Fall auch ein erhöhter Ausstoß an Stresshormonen statt. Angstzustände sowie Stress sind mögliche Ursachen für eine erhöhte Beta-Wellen-Frequenz. **Charakteristisch für Beta-Wellen sind ein nach außen hin gerichtetes Bewusstsein, ein prüfendes Denken sowie die Verarbeitung von Sinnesreizen.** Neurologisch lassen sich Beta-Wellen in noch genauere Teilbereiche unterteilen.

Teilbereiche der Beta-Wellen

•Der **SMR-** (= senso-motorischer Rhythmus) Bereich (12-15 Hz) zeichnet sich durch eine entspannte Aufmerksamkeit nach außen hin aus.
•Für den **Mid Beta**-Bereich (15-18 Hz) ist eine gerichtete Aufmerksamkeit nach außen hin charakteristisch.
•Im **High Beta**-Bereich (18-35 Hz) dominieren Angst und Stress.
•Personen im **Gamma-Wellen-** (35-100 Hz) Bereich laufen zu Höchstleistungen auf. Sie sind dabei hochkonzentriert und vollbringen geistige sowie körperliche Spitzenleistungen.

Wir sehen, dass diese Wellen in einem Frequenzbereich von 0,2 bis 100 Hertz agieren.

Bei einer Meditation kommen wir auf einen Frequenzbereich von 4 – 8 Hertz.
Alle diese Hertz-Zahlen finden wir nur auf der Physikalischen Ebene.

Bei Cobimax wird ein Frequenzbereich von 3 Petahertz, 3 000 000 000 000 000 Hertz genutzt.
Das bedeutet, dass wir uns im Ultraviolett-Licht-Frequenzbereich befinden. Hier läuft die Zeit schneller ab und ein im Wachbewusstsein gefasster Gedanke wird auf diese Frequenz beschleunigt.

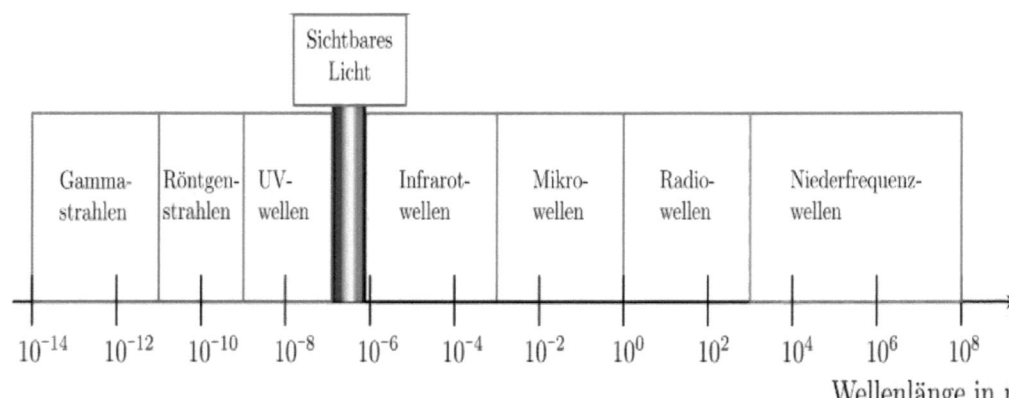

Fremdeinflüsse

Negative Emotionen oder Gedanken begünstigen die Aufnahme von Fremdenergien.
Stress, Ärger, Neid, Hass, Unzufriedenheit laden diese Fremdenergien geradezu in unser System ein.

Ein plötzlicher Stimmungswechsel, Streitigkeiten, Unwohlsein, viele Ärgernisse deuten auf eine Fremdenergie.

Anhaftungen an Gegenstände und im Haus sind umweltbedingte Fremdeinflüsse.

Ich habe einige Fremdenergien benannt und auch entsprechende COBIMAX-Abfragen dazugeschrieben. Wenn Ihr bei connectdoor.de auf solche Wesen stoßt, empfehle ich Euch auf jeden Fall einen ausgebildeten Cobimax - Experten zu Rate zu ziehen, da mit den meisten Fremdeneinflüssen nicht zu spaßen ist.

Infrarotwesenheiten

Auf der Infrarot-Frequenz-Ebene sind die Verstorbenen „zu Hause". Der nächste Körper nach dem physikalischen Körper ist ein Infrarotkörper, der für Euch Menschen nicht mehr sichtbar ist, aber dennoch existiert. Manche Menschen, die einen guten Zugang zu ihrem Mittelhirnbereich haben, können diesen wahrnehmen.

In meinem Universum nennen wir diese Wesen Infrarotwesenheiten. Leider können diese auf Euch Einfluss nehmen, der für Eure Gesundheit nicht unbedingt zuträglich ist.

INFRAROTE COBIMAX-THEMEN **zum Abfragen über connectdoor.de**

1. Meinen emotional-physischen Körper schmarotzende Infrarotwesenheiten oder Seele eines Verstorbenen
2. Du Schöllkrautblatt machst mich rein von Infrarot-Schmarotzern, verstorbenen Seelen
3. Geht ihr körperlosen und seelenlosen Geschöpfe, sonst verbrennt euch mein Gedanke
4. Mein Körper erzeugt den Elektro-Ton, der jegliche schmarotzende Infrarotwesen und verstorbene Seelen aus meinen emotional-physischen Körper treibt
5. Ich danke meinem Orb für die Austreibung jeglicher meinen emotional-physischen Körper schmarotzende Infrarotwesenheiten und verstorbene Seelen
6. Gehirnkartenverschmelzungen durch schmarotzende Infrarotwesenheiten und verstorbene Seelen
7. Gehirnkartenprogramm-Pathologie durch schmarotzende Infrarotwesenheiten und verstorbene Seelen
8. Der stärkste physische Angst-Anker, durch Infrarotwesenheiten oder verstorbene Seelen gelegt.
9. Hypergravitation durch schmarotzende Infrarotwesenheiten und verstorbene Seelen
10. physiologisches Reset der durch schmarotzende Infrarotwesenheiten und verstorbene Seelen pathologisierten Zellrezeptoren und Zellen
11. Ich war Emotional-Channel
12. Durch Emotional-Channeling manipulierte Sprache-Gehirnkarten
13. Zellschäden/Rezeptorschäden durch Mikropersönlichkeit
14. Infrarote Fremdenergien
15. Non-humane Infrarotwesenheiten beseelen

körpereigene Partikel oder Substanzen, welche meine Genetik pathologisch verändern

16. Non-humane Infrarotwesenheiten beseelen körpereigene Partikel oder Substanzen, welche meine Zellrezeptoren besetzen.

17. Bakterien-Infrarotwesenheiten beseelen körpereigene Partikel oder Substanzen, welche meine Genetik pathologisch verändern

18. Bakterien-Infrarotwesenheiten beseelen körpereigene Partikel oder Substanzen, welche meine Zellrezeptoren besetzen.

19. Viren-Infrarotwesenheiten beseelen körpereigene Partikel oder Substanzen, welche meine Genetik pathologisch verändern.

20. Viren-Infrarotwesenheiten beseelen körpereigene Partikel oder Substanzen, welche meine Zellrezeptoren besetzen.

21. Pilze-Infrarotwesenheiten beseelen körpereigene Partikel oder Substanzen, welche meine Genetik pathologisch verändern.

22. Pilze-Infrarotwesenheiten beseelen körpereigene Partikel oder Substanzen, welche meine Zellrezeptoren besetzen.

23. Emotional -Infrarotwesenheiten beseelen körpereigene Partikel oder Substanzen, welche meine Genetik pathologisch verändern.

24. Emotional-Infrarotwesenheiten beseelen körpereigene Partikel oder Substanzen, welche meine Zellrezeptoren besetzen.

Implantate

COBIMAX-ABFRAGEN

1. Vorsätzlich implantierte Gedanken- und Emotional-Programme
2. In und über meine körperumgebenden Rotationsbänder implantierte Gedanken- und Emotionsmuster
3. Pastig, also karmisch-genetisch, also seelisch implantierte Gedanken- und Emotionsmuster
4. vorsätzliche, extern manipulierte inkarnative Seelen-Informationen
5. vorsätzliche, extern manipulierte nächtliche Seeleninformationen
6. vorsätzliche, extern manipulierte permaaktive/selektivaktive Seeleninfoirmations-Modifizierung
7. Ich widerrufe sämtliche in ehemaligen Inkarnationen geleisteten Schwüre, Verfluchungen, Eide, Verträge, Verwünschungen, Gelübde und ähnliche Dinge und sie sind dadurch mit sofortiger Wirkung neutralisiert und deren entsprechendes genetisches Muster ist für immer seelisch impressioniert.
8. Körperumgebende Rotationsbänder-Verriegelung vor jeglicher extern verursachten frequenzspezifischen Bändermanipulation = Rotationsbänder-Firewall
9. Ich danke meinem privaten Orb und meinem Human-architekten für die Installation und Permaaktivierung meiner Rotationsbänder-Firewall.

Wahrheitsgehalt

So sind alle Dinge, die Ihr auf ihren Wahrheitsgehalt überprüfen wollt, einfach über connectdoor.de abzufragen.

Freie Themenwahl anklicken

a. Dem Zauberer auf die Knollennase drücken

b. Deinen Namen nennen

c. Punkt 1 des Programms lesen

d. 3 bis 5 Minuten warten, ob eine Reaktion kommt

e. Wenn eine Reaktion kommt, dann diese bitte ausklingen lassen.

Weitere Punkte abfragen

Die Punkte, die reagieren, bitte 1 x täglich wiederholen, bis keine Reaktion mehr spürbar ist.

Bei JA- oder NEIN- Fragen:

Wenn Du eine Reaktion spürst, dann heißt das, ja, Deine Vermutung ist richtig.

Wenn Du keine Reaktion bekommst, dann heißt das, nein, Deine Vermutung ist falsch.

Auf diese Weise stellst Du fest, ob es z.B. sinnvoll ist, ein Buch zu lesen oder eine Veranstaltung zu besuchen oder ob es sogar schädlich für Dich ist.

Archonten

Zum Teil aus matrixwissen.de

Die Archonten sind schon in der Bibel beschrieben, dass sie gemein und gefährlich sind. Sie besitzen die Fähigkeit über ein ganz bestimmtes Eiweiß Euren Körper hochgradig zu manipulieren.

Die reine Energie, die eigentlich frei und unverfälscht hier unten auf der Physikalischen Ebene ankommen sollte, wird hier auf der Sichtbaren – Licht - Ebene von den Archonten schon manipuliert, kommt hier unten auf der Physikalischen Ebene schon verfälscht an und nun passiert Folgendes: Wenn die Rückmeldung, die Afferenz, d.h. was hab ich hier erlebt in dieser 42-igstel Sekunde, hochgefeuert wird auf die höchste Ebene, wird sie abgefangen auf der Sichtbaren Licht Ebene und die Archonten geben Eure emotionale Erfahrung als die ihre aus und weisen sie dem wieder zu, was wir Gott nennen. Der Gott sagt: Tja, was soll ich da sagen? Wenn die Menschen so unbekümmert sind und so unwissend und unkönnend sind, dass sie das nicht erkennen und verstehen, lässt er die Archonten gewähren.

Das Problem ist, das diesen Archonten imponiert, dass wir so mutig sind und auf der Physikalischen Ebene agieren. Sie trauen sich aber nicht auf diese Ebene, weil auf dieser Ebene auch Leid und Schmerzen und Tod bedeutet, aber sie tun das, was das Wichtigste auf dieser Ebene ist, nämlich Emotionen, Gefühle zu erfahren, die nehmen sie Euch aus Eurem Stirnlappen ab, es wird Euch gestohlen.

Ihr habt irgendeine emotionale Erfahrung, Ihr denkt, Ihr meldet das zurück, die Archonten klauen sie Euch und weisen sie als eine von Ihnen gemachte emotionale Erfahrung aus.

Für die Archonten sind Eure Emotionen, die ihr generiert, die Ihr hervorruft, nichts anderes als Energie, durch die sie gefüttert werden. Sie stehlen unseren größten Schatz, unsere Gefühle und wir haben Datenlecks in unserem Stirnlappen. Dies führt dazu, dass wir die gleichen dummen Emotionen immer wiederholen, wiederholen, obwohl wir wissen, sie bringen doch nichts und wir sie nicht zur Weisheit bringen können und somit abschließen könnten.

Wir haben schon ein Archontenprogramm erarbeitet, aber nun kommt noch eine neue Erkenntnis dazu. Es geht um Zeta-Tubulin. Zeta-Tubiline können nur von bestimmten Mikroben erzeugt werden.
Über Zeta-Tubuline können uns die Archonten Energie einspeisen, das wäre efferent und was dann hoch kommt, nennt man afferent.
Es wird Zeit, dass die Menschen erkennen, was sich da abspielt.
Archonten können kurzfristig physisch erscheinen als sog. Wunderheiler, die meisten „Lichtarbeiter", „Engel- und Erzengel-Channels" sind hochgradig manipuliert von Archonten. Seid auf der Hut! Glaubt nur das, was in Euch selber drin ist.

Ihr könntet Zugang zu diesem UV-Licht-Bewusstsein haben, es ist eine Frequenzbandbreite über den Sichtbaren Licht-Frequenzen und Euer eigenes Kleinhirn hat die Fähigkeit, dies zu analysieren, zu entlarven. Es wird manipuliert, auch wenn Ihr denkt, auf höheren Frequenzen ist alles Friede, Freude und Eierkuchen. Diese Archonten sind sehr menschlich.

Sie wollten 2012 Fuß fassen über CERN. Cern war eine technische Möglichkeit, wo man versucht hat, Wurmlöcher in unsere Ebene hineinzufeuern, wo Daten und Informationen und alles Mögliche übermittelt werden konnte. Uns wohlgesonnene Nicht-Menschliche Rassen haben das verhindert.

Im Jahr 1945 wurde eine Sammlung historischer Texte in einer Höhle bei Nag Hammadi (Ägypten) gefunden. Diese 52 Texte werden als originale Schriften der Tradition der Gnostik angesehen und sind fast 2000 Jahre alt. Sie sind ein seltener Beweis für eine mystische Tradition mit einem außergewöhnlichen Schöpfungsmythos. Die Texte beschreiben eine nicht-menschliche Spezies genannt Archonten, die als Herrscher der Menschheit und gleichzeitig als Betrüger und Täuscher beschrieben werden. Ein faszinierendes Thema mit brisanten Querverbindungen zu Psychologie und Religion.

Nach dem gnostischen Schöpfungsmythos ist Planet Erde ein bewusstes Wesen. Lange bevor die Erde entstand, waren zwei Götter namens Christos und Sophia dabei eine neue Welt zu erschaffen. Sophia war von ihrer eigenen Schöpfung so fasziniert, dass sie spontan in ihre eigene Schöpfung eintauchte. Dieses Eintauchen eines Gottwesens in die eigene Schöpfung führte zu einem unerwünschten Nebeneffekt, denn dabei entstand eine Spezies von Geistwesen genannt die Archonten. In einigen gnostischen Texten werden die

Archonten als eine Art Missgeburt dargestellt. Die Archonten wurden von einem Wesen angeführt, dem Demiurg, der fälschlicherweise sich selbst als den Schöpfer des Universums ansah.

Dieser verrückte Gott begann nun das Sonnensystem zu erschaffen - bis auf den Planeten Erde. Sophia entschied sich selbst in einen Planeten zu verwandeln, wird dadurch aber in der Welt der Materie des Demiurg festgesetzt. Sophia's Emotionen, Trauer und Irritation werden dabei in die physischen Elemente des Planeten Erde und der Biosphäre verwandelt. Während die Erde aus ihrer ursprünglich geistigen Form nun immer materieller wird, entsteht eine Vielfalt an Lebensformen über die Sophia aber keine Kontrolle mehr hat. Als Christos die verzweifelte Lage von Sophia erkennt, beschließt er einzugreifen, um ein gewisses Maß an Ordnung auf der Erde herzustellen. Dieser Eingriff führte zu einer bleibenden Veränderung im Biosphärenfeld der Erde. Sophia findet sich somit in der Welt wieder, die sie selbst ins Dasein geträumt hat und kann nur untätig zusehen, wie die Menschheit entsteht und beginnt ein göttliches Experiment auszuleben : Die Entwicklung menschlicher Innovation.

Etwa 20% der Nag Hammadi Texte berichten über die Spezies der Archonten. Sie werden als eine nicht-physische Spezies beschrieben, die aber kurzzeitig physische Form annehmen kann. In einem der Nag Hammadi Texte (Apokryphon des Johannes) werden Entführungen von Menschen durch kleine Wesen beschrieben. Die Ähnlichkeiten zu den "Grauen" wie sie in vielen Science-Fiction Filmen dargestellt oder wie sie von Menschen beschrieben werden, die eine "Entführung durch Außerirdische" erlebt haben, ist beeindruckend. Wenn man berücksichtigt, dass diese Texte fast 2000 Jahre alt sind, dann scheint nahezuliegen, dass es einen engen Bezug zwischen den Archonten und der Menschheit gibt.

Die Archonten werden als geistige Eindringlinge beschrieben. Sie sind nicht in der Lage längere Zeit in unserer materiellen Welt zu überleben, ähnlich wie Menschen nur kurze Zeit unter Wasser überleben können ohne Luft zu holen. Ihr bevorzugter Zugang zu unserer Realität ist durch den menschlichen Verstand. Gnostische Texte warnen vor den Archonten und ihren Versuchen die menschliche Evolution von ihrem Kurs abzubringen. Hierzu haben sie vor allem zwei Methoden :

Fehler : Menschen machen Fehler, aber Menschen sind nicht gut darin aus Fehlern zu lernen. Die Archonten sind Experten darin, den Unwillen der Menschheit aus ihren Fehlern zu lernen auszunutzen.
Simulation : Die Archonten sind Experten für virtuelle Realitäten und holographische Projektion: Sie können holographische Bilder von jedem existierenden Lebewesen erzeugen, aber diesen Hologrammen fehlt die Vitalität des Originals, es wirkt künstlich.

Die Texte über die Archonten beschreiben, dass sie "durch" Menschen leben wollen, da sie nicht in unserer Realität leben können. Hierzu versuchen sie die Menschen mehr archontisch zu machen : Sie versuchen den Menschen von der natürlichen Welt (und der Natur) zu entfremden und sie dazu zu bringen, mehr in virtuellen Realitäten zu leben. Die Motivation der Archonten für ihr

Handeln wird in den gnostischen Texten auf Neid zurück geführt : Die Archonten beneiden die Menschen für die wunderbare Welt voller Kreativität, die so grundverschieden von der kalten und künstlichen Welt der Archonten ist. Ihr Neid scheint sich besonders auf den "göttlichen Funken" zu beziehen, den jeder Mensch in sich trägt. Gnostiker bezeichnen ihn als "Nous". Jeder Mensch trägt diesen göttlichen Funken in sich und aber er fehlt den Archonten. Trotzdem erinnern einige gnostische Texte daran, dass die Archonten Teil der Schöpfung sind, da sie entstanden, als Sophia in ihre eigene Schöpfung eintauchte.

Die Archonten zeigen häufig sinnloses Verhalten. Es scheint ihnen Freude zu bereiten, menschliche Emotionen - speziell Angst - auszulösen oder Menschen in einen Zustand der Verwirrung zu bringen. Es wird angedeutet, dass die Archonten sich energetisch von menschlichen Emotionen "ernähren", da sie selbst über keine Emotionen - und somit keine emotionale Energie - verfügen.

Es ist schwierig, diesen Beschreibungen einen Sinn abzugewinnen. Was Sinn machen könnte, ist, dass die Archonten ein Werkzeug unseres Realitätskonstruktes sind, um Menschen zu testen und zu prüfen, ob wir unseren eigenen Verstand im Griff haben, trotz aller Versuche der Archonten uns innerlich zu verwirren. Sie scheinen Teil eines kosmischen Tests zu sein, ein Weg Bewusstsein auszusortieren, das nicht bereit ist, Verantwortung fürs eigene Denken und Handeln zu übernehmen. In diesem Sinne sind die Archonten vielleicht ein kosmisches Werkzeug, um die menschliche Evolution anzustacheln.

PARMUD A – evtl. gleichzusetzen mit den Archonten

Parasitär multidimensionales Alien. Auf vielen Ebenen sind diese Parmud A anzutreffen. Wie krass und intelligent sie sind!

Sie verstehen ähnlich wie die Bornaviren sehr wohl, wie unser Gehirn und die Gehirnkarten, die brach liegen, weil wir Willenskraft nicht nutzen, funktionieren und so können sie uns vollkommen unterwandern und unsere gefühlduselige Emotionalität ausnutzen, um uns wie lebende Batterien, wie Akkumulatoren auszunutzen, die nicht nur elektrische Energie für sie bilden, sondern grundsätzlich die höchste Energie, die wir Humane fähig sind, zu bilden. Das ist Macht und Schöpferkraft. Jedes Mal, wenn wir bei einer Emotion reintappen, gebrauchen wir, generieren wir Macht und Schöpferkraft, das ist alles was sie wollen und wir fallen immer wieder darauf rein.

Wenn wir Cobimax-Anwender das hinterfragen, reagieren die Menschen darauf. Ich habe einen kleinen Fragenkatalog aufgestellt mit Cobimax-Eingaben, die die Einflussnahme und die Kontrolle dieser Parmud A auf unser Fühlen und Denken eliminieren.
Durch unsere Abfragen und Eingaben wissen diese Parmud A, dass es uns gibt und wir wissen, dass es sie gibt in unserem Gehirn. Hauptaufenthaltsort ist unser Neokortex, unser emotionales System, Sprachsystem und sie bedienen die synaptischen Spaltabstände.

Sie erzeugen unsere vergangene Emotionen neu und spielen sie vor. Da das Bewusstsein der Parmud A unseres infiltriert, haben wir die sogenannte

Antigenbildung.

Die Reaktionen auf diese Abfragen sind sehr stark. Alles, was elektromagnetische Felder sind, wie unsere Siegel, auch Chakren genannt, können diese Parmud A kontrollieren, ebenso die uns umgebenden elektromagnetischen Bänder, auch als Aura bekannt.

Wir können überprüfen, wie durch ihre Manipulation die Nervenzelle elektrisch energetisch aufgeladen ist, wie Zellrezeptoren und Messengerpeptide modifiziert werden, und dann stellen wir fest, was hier alles pathologischerweise mit uns gemacht wird.

Wenn sie beginnen sich in unseren Nährstoffzyklus einzuklinken, dann schaltet das Gehirn ihnen eine eigene Gehirnkarte frei und unser eigenes Immunsystem beschützt diese Parmud A. Sie dominieren einen großen Teil unseres Gehirns. Sie wissen, wie abhängig wir von Emotionen sind und sie greifen in Stress-Situationen ein und können diese verstärken.

Wir können Schwingungen, Oszillationen im Gehirn aufbauen und deren dominante Frequenz einfach zum Einsturz bringen.

Russische Wissenschaftler haben herausgefunden dass die DNA zur Kommunikation dient und als Informationsspeicher. In einem Beitrag über DNA und Wellengenetik von Grazyna Fosar und Franz Bludorf steht:
Genau wie beim Internet kann die DNA
    eigene Daten in dieses Netzwerk einspeisen,
    Daten aus diesem Netzwerk abrufen und

einen direkten Kontakt zu anderen Teilnehmern des Netzwerks aufnehmen.

Sie kann also sozusagen eine eigene „Homepage" haben, sie kann im Netz „surfen" und mit anderen Teilnehmern „chatten". Dabei ist sie nicht, wie man vielleicht glauben sollte, auf die eigene Spezies beschränkt. Die Erbinformationen unterschiedlicher Lebewesen können sich ebenfalls auf diese Weise untereinander austauschen. Die Hyperkommunikation ist damit eine erste wissenschaftlich nachweisbare Schnittstelle, über die die unterschiedlichen Intelligenzformen des Universums untereinander vernetzt sind.

Das Hauptproblem, was unsere Forscher mit diesen Aliens haben, ist, dass sie glauben sie kommen mit UFOs und Raumschiffen an, aber das eigentliche Problem ist, dass sie ideal getarnt unser Bewusstsein manipulieren. Das können sie, indem sie im synaptischen Spalt die Spaltabstände kontrollieren. Weil die Menschen das nicht können, bis auf die Cobimax-Anwender, kommt keiner auf die Idee, das zu kontrollieren.

Wenn wir vier bis fünf Themen abgefragt haben, geht es nicht weiter. Die Parmud A bauen eine „Contra-Cobimax-Firewall" auf. Die müssen wir nach einigen Themenabfragen immer wieder zerstören, d.h. ansprechen, um weitere Abfragen machen zu können. Die Parmud A führen Krieg gegen uns.

Wir sind hochgradig unterwandert von den Parmud A, und zwar deswegen, weil wir unserem Gehirn entsprechend gigantische Möglichkeiten haben und dieses Gehirn ganz einfach nicht nutzen.

Are we human or are we dancer? Die Gruppe „The Killers" singt genau passen zu dieser Thematik: Sind wir Menschen oder sind wir Marionetten?

Durch diese Information möchte ich nicht Angst auslösen, sondern vermitteln, dass wir auch etwas dagegen tun können.

Zeta Reticuli

Zeta Reticuli kontrollieren die Ionosphäre unseres Planeten und lösen dadurch vorsätzlich Krankheit, Alterung, vorzeitiges Sterben aus.

Durch Z. R. hochpotenzierte krankmachende Eigenschaften von Bakterien, Viren, Pilze, durch Z. R. Technologie ausgelöste Entzündungen, Unterversorgung von Chakren, inwieweit Z. R. technologisch unseren Alterungsprozess forcieren, diese Zeta Reticuli können in alle unsere Systeme eingreifen und dort alles manipulieren.

So können sie beispielsweise eine Spionagesonde implantieren und außerdemTechnologie vom menschlichen Körper aufnehmen und dieser, unser Körper, diese Signale widerhallen lassen, also dass er sie selbst an andere Menschen weitergibt.

Sie erzeugen Fake-Bilder und Fake-Hologramme und pathologisieren programmierend unsere Gehirnkarten.

Sie kontrollieren unsere emotional-chemische und emotional-elektrische Signalgebung.

Dracos = Echsenwesen

Dracos besitzen in etwa die Größe eines Menschen. Sie habem einen aufrechten Gang (Zweifüßer). Ihre Gehirngröße ist wie unser menschliches Gehirn. Sie nutzen ihre Hirnmasse aber zu 100% (der durchschnittliche Mensch max. 5%!)
Sie besitzen die bemerkenswerte Fähigkeit, unsere Wahrnehmung (Sehen, Hören, Riechen, …) und das Wahrgenommene hochgradig zu beeinflussen.

Im Taschenbuch ConnectDoor – Zugang zu inneren Dimensionen ist ein Programm für Mentale Parasiten aufgelistet, das Ihr auch über connectdoor.de nutzen könnt.

Was tun bei energetischer Fremdbestimmung?

Nein, jetzt gibt es keine 10 Schritte Anleitung für die Reinigung von Fremdenergien !
Sondern die Aufforderung, die Herausforderung, seine eigenen Dämonen zu erkennen und zu integrieren.

Schon oft hatte ich mit Menschen zu tun, die sich manipuliert, fremd gesteuert gefühlt hatten und es geht darum, in die Selbstverantwortung, in die Selbstbestimmung zu kommen und somit in die Freiheit.
Ja, es ist wahr, wir stecken in einem manipulativen System und viele Menschen leben darin ihr veraltetes Opferbewusstsein aus, anstatt sich darüber hinaus als Schöpfer wahr zu nehmen.

Den Wenigsten ist bewusst, dass sie ihre eigenen Dämonen bekämpfen. Dies hängt natürlich auch mit der schönen Projektionsleinwand, die unsere eigene Themen darstellen, zusammen, da die eigene Wahrnehmung verzerrt ist und die energetische Fremdbeeinflussung deshalb lange im Verborgenen wirken kann, weil man das Gefühl hat, dass es von innen kommt.

Die Übung liegt also darin, zu beobachten, welcher Gedanke, welches Gefühl hier von mir kommt oder ob es ein Impuls von außen ist. Jedoch sind wir wie ein Magnet und werden immer das anziehen, was in unserer Schwingungsbandbreite liegt.

Ja, es gibt die materielle und energetische Fremdbeeinflussung und sie greift nur dann, wenn wir durch ein eigenes Thema offene Stellen in unserem

System haben oder wenn wir unbewusst in Resonanz zu etwas gehen, was uns nicht gut tut.

Ein voll bewusster Schöpfer kann sich in extremen Situationen befinden oder ausgesetzt sein und wird schadenfrei bleiben, und der Mensch, wenn er seinen eigenen freien Willen einsetzt und sich so entscheidet, auch.
Denn nach wie vor gilt das Gesetz „Geist über Materie".

Diese Form der Beeinflussung haben wir sogar vor der Inkarnation gewählt, weil wir uns dadurch die größtmögliche Entwicklung erhoffen.

Egal wie grausam die Erfahrungen auch sein mögen, wir haben uns dafür entschieden. Sobald wir glauben, dass Fremdbestimmung möglich ist, werfen wir uns selbst aus unserem Schöpferstatus.

Also hat jeder die Wahl: Glaube ich, dass etwas gegen meinen Willen geschehen kann, dann bin ich im Opferbewusstsein oder entscheide ich mich, die volle Verantwortung zu übernehmen und bin somit im Schöpferbewusstsein.
Welches Spiel spielst du ?

Ich lade dich ein, mutig und ehrlich zu dir sein, dann wirst du erkennen, dass du einiges schon gelebt hast, den Schwarzmagier, die Hexe, den Lügner, den Betrüger usw. und dass wir uns selbst diesen Prüfungen unterziehen, um aus den Lektionen zu lernen und sie in uns vollständig zu integrieren.
Und wir werden immer wieder zu gleichen Themen geführt, bis wir sie integriert haben.

Es gibt Menschen, die das nicht glauben wollen und deshalb wird die Fremdbeeinflussung bei ihnen solange da sein, bis auch diese Menschen es verstanden haben, was zu tun ist.

Es geht nicht darum, die Beeinflussung einfach weg haben zu wollen, sondern sie zu akzeptieren, anzunehmen und sie in Liebe zu integrieren.

Das Gefühl der Angst, sie weg haben zu wollen, festigt sie nur, jedoch wenn man sie annimmt, wird sie sich in Wohlergehen auflösen.

Um herauszufinden, in welcher Art von Fremdbestimmung du dich fühlst, kannst du für dich einige Fragen beantworten:

1.) Um welcher Art der Fremdbestimmung handelt es sich ?

2.) Was hat die Fremdbestimmung mit mir zu tun ?

3.) Seit wann nehme ich die Fremdbestimmung wahr ?

4.) Wer wäre ich ohne diese Fremdbestimmung ?

5.) Was verschwindet noch aus meinem Leben, wenn die Fremdbestimmung wegfällt ?

6.) Woran erkenne ich, dass die Fremdbestimmung weg ist ?

In dem Moment, wo du deine Aufmerksamkeit mit echter Wissbegierde auf deine Antworten lenkst, wird dir bestimmt einiges bewusst und dann entscheidest du dich mit deiner göttlichen Schöpferkraft neu, was du noch in deinem Leben haben möchtest.

Du kannst auch die Fremdbeeinflussung direkt ansprechen und fragen, was kann ich für dich tun? Was willst du mir zeigen? Wie muss ich sein, damit du mich noch mehr beeinflussen kannst?

Spätestens jetzt können Aspekte auftauchen, die diese beeinflussende Fremdenergie eingeladen haben und du kannst sie klar erkennen und integrieren.

Wer trotz des hier Geschriebenen nicht weiterkommt und alleine seine Themen nicht erkennen kann, den unterstützen wir auch gerne persönlich bei der Auflösung von Fremdenergien.

Meine Erkenntnis

Die große Frage, wieso ziehen wir diese „Dämonen" immer wieder an? Wie ich schon geschrieben habe, ist es unsere destruktive emotionale Haltung, die wir immer wieder gleichermaßen leben.

Wir müssen uns anschauen, warum wir diese Emotionen haben und sie in uns verabschieden, heilen. Aus welchem Grund bin ich neidisch auf meine Kollegin? Aus welchem Grund werde ich bei bestimmten Themen wütend?

Wenn ich mir ehrlich eingestehe und genau schaue, dann kann ich die Auslöser dafür finden. Indem ich diese genau analysiere und die Geschichten dahinter verstehe, gelingt es mir, die Fremdeinflüsse zu besänftigen und zu verabschieden.

Diese wollen uns im Prinzip nur helfen, uns selbst besser zu verstehen und unser Leben im Einklang mit der Schöpfung zu leben.

Wir sollten nicht das vermeintlich Böse bekämpfen, sondern das Gute stärken, im Sinne des Allumfassenden.

Fassen wir zusammen:
COBIMAX (Communikations-Biologische Matrix) ist also ein Kommunikations- und Therapieverfahren, das es ermöglicht, bei Mensch, Tier und Pflanze eine große Bandbreite unterschiedlichster „Krankheiten" auf körperlicher und emotionaler Ebene anzugehen.
Es funktioniert ohne Meditation, maschinelle Hilfsmittel oder computer-gestützte Programme und richtet sich an die individuellen körperlichen und emotionalen Ebenen.
Es erkennt jegliche Fehlfunktionen und aktiviert umgehend die Selbstheilungskräfte.

Es ist ein mentales Verfahren, das den Anwender/ Therapeuten befähigt, mit Hilfe seines Kleinhirnbewusstseins Zugang zum autonomen Nervensystem des Patienten zu bekommen. Dieses Kommunikationswerkzeug reduziert alle Sprachen der Welt auf ihre elementare Funktion: die Erzeugung von Bildern (Hologrammen) durch das Gehirn.
Nach Ansichten der Quantenphysik (Roger Penrose, Stuart Hameroff) reproduziert sich unser biologischer Körper in etwa 42-mal pro Sekunde. Diese Reproduktion ermöglicht dieser Methode den Zugriff zur Schnittstelle innere/äußere Realität, um Verbesserungsvorschläge in Form von Hologrammen über das Unterbewusstsein des Kleinhirns einzuspeisen.

Wie unterschiedliche Gehirnteile "Zeit" völlig verschieden wahrnehmen und entsprechend verarbeiten, wie ein in unserem Kleinhirn sitzendes Bewusstsein anscheinend Wunder wirkt und wie sich all das praktisch anfühlt, wird nicht nur erklärt, sondern der Mensch erfährt und erlebt es direkt.

Durch COBIMAX können u.a. destruktive Gedankenmuster und Emotionen identifiziert, lokalisiert und reguliert werden. Hieraus kann der Anwender direkte Zusammenhänge erkennen, die eine lückenlose Beweisführung zulassen, inwieweit ein destruktives Gefühl die Zellelektrizität, die Zellchemie und die Zellfunktion nachteilig verändert.

Entgegen herkömmlicher wissenschaftlicher Erkenntnis kann mittels COBIMAX das autonome Nervensystem willentlich gesteuert werden.

Das Hauptwerkzeug von COBIMAX sind kleinste Zellbestandteile (Mikrotubuli) im Körper, die die Fähigkeit besitzen, in jeder Geschwindigkeit und Stärke zu schwingen. Gerade dieses Zellschwingen ermöglicht es, unterschiedliche Vorgänge in den Organen bis in die Zelle hinein zu kontrollieren. So wird dadurch beispielsweise ein Eliminieren von Mikroben erreicht sowie ein Wieder-Ordnen von emotional verursachten Zellfehlfunktionen ermöglicht.

Haargenau das gleiche Vorgehen (Wissen) praktizieren Naturvölker wie die Aborigines schon seit Jahrtausenden.

COBIMAX verbindet den Anwender mit dem grenzenlosen inneren Wissen, zu dem jeder Mensch Zugang erhält, sobald er mit dynamischer Intelligenz verbunden ist. Dieser bewusstseinserweiternde Zustand führt zu einer Zeitbeschleunigung, und daher kann der Einzelne sofort Einfluss auf Zell- und Organfunktionen nehmen.

Das bedeutet, dass jede Person, die eine körperliche und/oder geistige Veränderung herbeiführen möchte, dies durch COBIMAX erreichen kann. Vorausgesetzt, es handelt sich dabei - im biologischen Sinne - um eine Verbesserung.

COBIMAX fördert in höchstem Maße die physische und psychische Autonomie des Menschen.

Lernt die vielfältigen Einsatzmöglichkeiten Eures dynamischen Bewusstseins kennen!

Ursprungssprache

Bernd Laudenbach suchte seit seinem 9. Lebensjahr nach einer vereinheitlichenden Sprache, die alle Menschen sprechen. Gibt es eine Sprache, die vollkommen ohne Verbalik auskommt?

Jahre später lag er nachts schlafend in seinem Bett. Im Traum, der ihm äußerst real erschien, schwebte er an der Zimmerdecke und sah sich neben seiner Frau liegend. Sein erster Gedanke war, so sieht es aus, wenn man stirbt. Im nächsten Moment fühlte er sich wie von einem Gummiband durch einen beleuchteten Tunnel gezogen und fiel auf Wüstensand. Zwei Aborigines kamen auf ihn zu, blickten ihm tief in die Augen und zeichneten mit feinen Stöckchen Zeichen auf seine Beine. Blut tropfte in den Sand.

Kurz darauf wurde er wieder durch diesen Tunnel zurück in seinen Körper gezogen, was mit lauten Geräuschen verbunden war. Er wachte auf und blutete aus Ohren und Nase.

Dies geschah insgesamt drei Mal in fünf aufeinander folgenden Nächten.

Erst eineinhalb Jahre später begriff er, was diese Zeichen bedeuten: Es war die von ihm gesuchte Kommunikation, die alle Lebewesen verstehen.
Herausgefunden hatte er in seiner eigenen Forschungsarbeit, wie diese Kommunikation funktioniert, wie diese anzuwenden ist und baute daraus seine Kommunikations- und Therapieform COBIMAX auf.

„Zaubern" lernen?

Bernd Laudenbach prüfte und hinterfragte konsequent den menschlichen Körper und die Psyche und erarbeitete so die Communikations-Biologische Matrix, kurz COBIMAX®.

Du willst selbst „zaubern" lernen?
Dann kannst Du das auf der Erde erlernen.

So mancher Leser mag unsere ConnectDoor-Büchlein als eine Werbemaßnahme sehen. Es ist uns aber viel mehr ein Anliegen, den Menschen zu vermitteln, dass jeder selbst alle Voraussetzungen in seinem Kopf hat, die er benötigt, um direkt und effektiv mit seinem Unterbewusstsein zu kommunizieren und Verbesserungen in seinem Leben zu erzielen. Das funktioniert aber nur, wenn die Gehirnverbindungen, die dazu nötig sind, wieder hergestellt werden.

So wie nicht jeder Mensch Arzt wird und eine Praxis eröffnet, so wird auch nicht jeder Mensch den Wunsch haben, ein COBIMAX-Anwender zu werden. Zumindest ist es aber wichtig, zu wissen, wo er Hilfe finden kann.

Bereits ausgebildete COBIMAX-Berater und COBIMAX-Therapeuten stehen Dir auch gerne zur Seite.
Kontaktdaten auf Anfrage.

Was es bedeutet, ein COBIMAX-Anwender zu sein

„Wir COBIMAX-Anwender müssen verstehen, dass wir durch den „cobimaximierten" Anschluss an unser Kleinhirn direkten Zugang zu einer höheren Instanz, dem Kleinhirnbewusstsein, haben. Jeder Gedanke, der eine Korrekturabsicht beinhaltet und damit eine Verbesserung des biologischen Organismus unseres Gegenübers bedeutet, wird sofort von dessen Kleinhirnbewusstsein aufgegriffen und dieses lässt unter seiner Kontrolle einen Korrekturvorgang über die Mikrotubuli durchführen.

Eine vorsätzliche oder unbeabsichtigte Schädigung eines anderen Organismus ist mit dem COBIMAX-System nicht möglich, da ein höheres Bewusstsein, das absolut neutral ist, nämlich das Kleinhirnbewusstsein, entscheidet, ob eine COBIMAX-Eingabe durchgeführt wird oder nicht. Somit kann dem COBIMAX-Anwender auch kein Fehler unterlaufen.

Die Frage der Ethik taucht auch immer wieder auf. Jeder COBIMAX-Anwender muss auf seine eigenen ethischen Grundsätze zurückgreifen. Bei einem Hilfesuchenden ist es klar, dass wir auf dessen Wunsch zielgerichtet intervenieren können."

Wie wird man ein COBIMAX-Anwender?

Lehrgang zur autorisierten Nutzung von COBIMAX® mit COBIMAX-Initiierung durch Bernd Laudenbach

COBIMAX ist ein Geschenk der Natur, das jedem Menschen in die Wiege gelegt wird.
So besitzt also jeder Mensch von Geburt an die Fähigkeit durch Gedanken den Körper zu heilen. Sehr früh schon im Leben macht der Mensch unterschiedlichste Erfahrungen.
Da Menschen so konditioniert werden, jegliche Erfahrung emotional zu bewerten, sind es im Laufe des Erwachsenwerdens genau diese im Gehirn gespeicherten emotionalen Beurteilungen, die von der Fähigkeit, sich selbst zu heilen, wieder abtrennen.

COBIMAX baut die Verbindung zum alle Menschen umfassenden Kollektiv-Bewusstsein wieder auf: Dieses höhere Bewusstsein, das bei jedem Menschen im Kleinhirn sitzt, ist der tatsächliche HEILER, der bei allen „Cobimaximierungen" in Aktion tritt.

Der COBIMAX-Lehrgang befähigt den Absolventen zum permanenten Zugriff auf dynamische Intelligenz.
Die erreichte Bewusstseinserweiterung ermöglicht die direkte Einflussnahme auf das autonome Nervensystem, die Organsteuerung und Zellsteuerung eines jeden Menschen.
Gedankenprozesse werden ebenso konstruktiv optimiert.
Dem Lehrgangsabgänger öffnen sich mittels COBIMAX Wege, die ein forciertes Weiterentwickeln der eigenen Persönlichkeit, der Gesundheit und der Autonomie

erleichtern. Selbstverständlich kann der COBIMAX-Anwender dies auch für andere Menschen erreichen.

Der erfolgreiche Abschluss beschert jedem Teilnehmer äußerste Effizienz, indem Gehirnareale willentlich nutzbar gemacht werden, zu dem der Mensch bisher keinen direkten Zugang hatte. Er verbindet die Anwender mit grenzenlosem innerem Wissen und mit dem kollektiven menschlichen Bewusstsein.

So wie die Krankheit in unserem Körper steckt,
ist auch die Lösung in ihm enthalten.
Bernd Laudenbach

Die Autorin

COBIMAX ist eine ursprüngliche Kommunikationsform der Natur, die zielgerichtet Selbstheilungskräfte aktiviert und diese zu präzis gesteuerten Veränderungen im Körper nutzt.

Inge Friedrich
(Jahrgang 1947) ursprünglich tätig in der medizinischen Forschung eines Pharma-Unternehmens, lernte Bernd Laudenbach und seine Kommunikations- und Therapie-methode Communikations-Biologische Matrix COBIMAX im Jahr 2003 kennen. Durch die verblüffenden Ergebnisse von COBIMAX, auch bei Austherapierten, wurde ihr Forschergeist geweckt und sie veranstaltete Vorträge und Ausstellungen mit Bernd Laudenbach. Anfang 2005 erhielt sie die Möglichkeit, eine Ausbildung bei Bernd Laudenbach zu absolvieren, um dann selbstständig als COBIMAX-Beraterin zu arbeiten.

Neben der COBIMAX-Beratung hält sie Vorträge und Workshops und begleitete viele Jahre Bernd Laudenbach bei seinen Lehrgängen zur autorisierten Nutzung von COBIMAX.

Weitere Taschenbücher z. Teil mit cobimaximierten Bildern :

ConnectDoor - Zugang zu einer anderen Dimension
Die Macht der Gefühle
ISBN 978-3-7357-8011-9

ConnectDoor - Zugang zur nächsten Dimension
Rund um Bakterien, Viren & Co.
ISBN 978-3-7347-3244-7

ConnectDoor - Zugang zu einer weiteren Dimension
Stress minimieren-Erfolg maximieren
ISBN 978-3-7347-7381-5

ConnectDoor - Zugang zu außergewöhnlichen
Dimensionen : Von geschmeidig über echt schräg zu voll
krass
ISBN 978-3-7386-1740-5

ConnectDoor - Zugang zu meinem Humanarchitekten
Die große Liebe meines Lebens
ISBN 978-3-7412-0540-8

ConnectDoor - Zugang zum Geschenk der Natur
Einsatz bei Tier und Pflanze
ISBN 978-3-7528-3496-3

ConnectDoor - Zugang zum Geheimnis der Zahlen
Einfluss der Zahlen auf Denken, Fühlen und Handeln
ISBN 978-3-7448-2223-7

ConnectDoor - Zugang zu einer verzwickten Dimension
Liebe und Partnerschaft
ISBN 978-3-7481-8853-7

ConnectDoor - Zugang zu einer vergessenen Dimension
Essen hält Leib und Seele zusammen
ISBN 978-3-7494-5171-5

ConnectDoor - Zugang zu einer höheren Dimension
Wer ist ICH?
ISBN 978-3-7494-5393-1

ConnectDoor - Zugang zu einer magischen Dimension
Zaubersprüche für Jung und Alt
ISBN 978-3-7504-1039-8

ConnectDoor - Zugang zu unmöglichen Dimensionen
Telepathie – ungewollt!
ISBN 978-3-7519-7894-1

ConnectDoor – Zugang zur Fünften Dimension
Die Erde im Bann der Mondmatrix
ISBN 978-3-7519-3215-8

ConnectDoor – Zugang zu inneren Dimensionen
Seit Adam und Eva ist der Wurm drin
ISBN 978-3-7534-5765-9

ConnectDoor – Zugang zu tiefen Dimensionen
Die Dämonen der Seele
ISBN 978-3-7543-7413-9

ConnectDoor – Zugang zu uralten Dimensionen
Verfluchungen, Verwünschungen, Voodoo –
gibt es das wirklich?
ISBN 978-3-7557-0745-5

ConnectDoor – Zugang zu Altersumkehr
ISBN 978-3-7557-2970-9

Kontaktdaten:

Cen-Tooh, der Therapeut : www.connectdoor.de

COBIMAX, Inge Friedrich:
www.inge-friedrich.de
www.cobimax.com
Hähnleiner Str. 4, 64673 Zwingenberg
Tel. 0049 172 763 7112
E-Mail: inge.friedrich@cobimax.com

Bilder:
Cen-Tooh: *©HitToon.com-Fotolia.com*
Pixabay